GOL II
VIVIENDO EL SUEÑO

NIVEL 1

SCHOLASTIC

Directora de la colección: Jacquie Bloese

Adaptación al español: Noemí Cámara

Edición en español: Cecilia Bembibre

Diseño: Mo Choy

Maquetación de cubierta: Edinumen

Edición gráfica: Emma Bree

Créditos: Página 5: D. Hall/Alamy; M. Cristofori/Corbis.
Páginas 34 y 35: K. Dannemiller/Corbis; B. Birmelin/
Milkshake Films; V. Valitutti, D. Hogan, P. P. Marcou/AFP/
Getty Images; H. Gerald/Empics.
Páginas 36 y 37: J. Giles, J. Giddens/Empics; D. Faget/AFP,
P. Armestre, B. Radfors, D. Doyle, A. Want/Getty Images;
R. Morris, Euro Press/Alamy; J. Hicks/Corbis.

Mary Glasgow Magazines (Scholastic Ltd.)
Euston House
24 Eversholt Street
London
NW1 1DB

Impreso en Singapur

Santiago Múñez es mexicano. Su familia se fue a Los Ángeles cuando él tenía doce años. Su abuela y su hermano todavía viven allí. Santiago es futbolista. Juega con el Newcastle United FC, en el nordeste de Inglaterra. Sus amigos le llaman Santi.

Roz Harmison trabaja en un hospital, en Newcastle. Ella es la novia de Santi. Roz y Santi viven en una casa muy bonita en Newcastle. Roz quiere a Santi pero no le gusta su dinero.

Gavin Harris es un amigo de Santi. En *Gol I*, Gavin jugaba en el Newcastle United pero ahora juega en el Real Madrid. A Gavin le gustan las fiestas y las discotecas. Gavin no administra bien el dinero.

Jordana García trabaja para Televisión Española. Ella es muy guapa.

Rudi Van der Merwe es el entrenador del Real Madrid.

Rosa María vive en una zona pobre de Madrid. Ella vive con su marido y su hijo. Rosa María y su marido tienen un pequeño bar. A los dos les encanta el Real Madrid.

Enrique es el hijo de Rosa María. Quiere ser futbolista.

LUGARES

Newcastle es una ciudad grande, en el nordeste de Inglaterra. En invierno hace mucho frío y la gente sale poco de casa pero en verano hay mucha marcha. Las personas de Newcastle se llaman *Geordies*. El equipo de fútbol Newcastle United FC juega en el estadio de St James' Park, en el centro de la ciudad.

Madrid es una ciudad grande, en el centro de España. En verano hace mucho calor. Las personas de Madrid se llaman «madrileños». El Real Madrid juega en el estadio Bernabéu, en el centro de Madrid.

El **Buddha Bar** está en Madrid. Los jugadores del Real quedan aquí después de los partidos. En Madrid hay mucha marcha.

GOL II

VIVIENDO EL SUEÑO

CAPÍTULO 1

Newcastle

¡Gol! —gritaron todos cuando Santiago marcó.

Los fans del Newcastle United amaban a Santiago Múñez. Él siempre marcaba goles.

A Santiago le encantaba Newcastle. Llovía mucho y siempre hacía frío. Pero él tenía una casa preciosa, un coche BMW fantástico y ropa genial. También tenía una novia estupenda que se llamaba Roz.

Santiago venía de una zona pobre de México. Su madre se fue de casa cuando él era un niño. Más tarde, su padre se llevó a la familia a Estados Unidos. Santi vivía con su padre, su abuela y su hermano pequeño en Los Ángeles. Eran muy pobres. Durante el día, Santi trabajaba para su padre. Por las tardes, jugaba al fútbol. A Santi le encantaba el fútbol. Una tarde, un hombre de Inglaterra vio jugar a Santi. El hombre se llamaba Glen Foy y estaba en Los Ángeles de vacaciones. De joven, Glen era un jugador de fútbol muy famoso. Jugaba en el Newcastle United. ¡Glen pensó que Santi era un jugador excelente!

—Ven a jugar al fútbol a Inglaterra —dijo Glen—. Ven y habla con el Newcastle United.

¡El Newcastle United! ¡Un equipo de primera!

Así que Santiago fue a Newcastle. Jugaba bien. Marcaba goles. El equipo lo quería. Y él quería al equipo.

＊＊＊

Unos hombres de Madrid vieron a Santiago en la televisión. Vieron su gol.

—Es un futbolista muy bueno —dijo un hombre—. ¿Cuántos goles marcó esta temporada?

—Veintiocho —dijo otro hombre—. Debemos hablar con él.

⋆⋆⋆

Esa noche Santiago, Roz y unos amigos fueron a un restaurante de comida india. Glen Foy entró en el restaurante.

—Glen —dijo Santi—, ven y siéntate con nosotros.

—Santi, ¿podemos hablar? —preguntó Glen.

—Claro —dijo Santiago. Miró a Roz y a sus amigos.

—Perdonad —dijo.

Santi siguió a Glen hacia la parte de atrás del restaurante.

—Mira —dijo Glen—, tengo noticias. ¿Estás listo? Las noticias son del Real Madrid. Te quieren. Quieren conocerte.

«¡Increíble!» —pensó Santiago—, «el Real Madrid. ¡Estoy soñando!».

⋆⋆⋆

Más tarde, Santi habló con Roz sobre el Real.

—Pero tú eres feliz aquí, en Newcastle —dijo ella.

—Sí. Aquí tengo una casa preciosa y un buen trabajo... y aquí estás tú.

—Y tú eres el mejor jugador del Newcastle United.

—Tal vez —dijo él—, pero se trata del Real Madrid. ¡El mejor equipo del mundo! ¿A quién elijo? ¿Al Newcastle o al Real Madrid?

CAPÍTULO 2
Tokio

—El Real Madrid está en Tokio. Mañana vamos para allá —dijo Glen.

—¿Mañana? —preguntó Santiago.

—En el mundo del fútbol todo es muy rápido —respondió Glen.

***

Santiago y Glen llegaron al Hotel Park Hyatt de Tokio. La habitación de Santi era impresionante. Santi quería ducharse. En ese momento llamó Glen.

—Quieren hablar con nosotros ahora mismo —dijo.

Santi fue a conocer a los hombres del Real. Estaba nervioso. Allí estaban el entrenador, Rudi Van der Merwe, y los dos directores, Florentino Pérez y el señor Burruchaga.

—Te vemos jugar a menudo —dijo Burruchaga—. Eres muy bueno.

—Soy afortunado —dijo Santi—. Juego en un equipo excepcional.

Al señor Pérez le gustó esta respuesta.

—Te queremos en el Real Madrid —dijo— ¡Ven y juega con nosotros!

«¡Vaya!» —pensó Santiago—. «¡Qué emocionante!». Pero también tuvo miedo.

«Sí» —pensó—, «quiero jugar en el Real. Todo futbolista quiere jugar en el Real. Pero quiero jugar al fútbol. No quiero sentarme en el banquillo». ¿Y qué pasa con Roz? —dijo.

—Tienes que tomar una decisión rápidamente —dijo Burruchaga—. Queremos saber cuál es tu respuesta antes de mañana a medianoche.

* * *

Santi volvió a su habitación e intentó llamar a Roz. Ella no estaba en casa. Roz trabajaba en un hospital. A veces trabajaba por la noche y a veces trabajaba durante el día. Santi le dejó muchos mensajes. Pero ella no lo llamó.

* * *

Más tarde, Santi estaba en el bar del hotel. Gavin Harris entró en el bar. Gavin y Santi eran viejos amigos de cuando Gavin jugaba en el Newcastle. Ahora jugaba en el Real Madrid.

—Madrid no te va a gustar nada —se rió Gavin—. ¡No llueve! ¡Siempre hace sol! ¡Todo el mundo habla español!

—Lo sé —dijo Santi—. ¿Pero digo que sí o que no?

—¿Qué? ¡Nadie dice que no al Real Madrid!

Santi miró a su amigo y sonrió. Gavin tenía razón.

* * *

Al día siguiente, Santi llegó al aeropuerto de Newcastle.

—¡Santi! ¿Es verdad que te vas de Newcastle? ¿Vas a

jugar en el Real Madrid?

Todos los periodistas rodearon a Santi. Querían una noticia.

Cuando Santi llegó a casa, Roz estaba enfadada.

—¿Por qué no me dijiste nada? —dijo—. ¡Vas a ir a Madrid! ¡Lo escuché en la radio!

—Intenté llamar... —dijo Santi.

Roz se fue a trabajar. No le dijo adiós.

Santi se sintió fatal. «Debo hablar con Roz» —pensó.

Santi fue al hospital. Roz estaba con el señor Ives. El señor Ives estaba enfermo.

—Así que te vas a Madrid... —dijo el señor Ives—, ¡pero no con Roz, ella es mi enfermera favorita!

—Yo no me voy, señor Ives —dijo Roz—. Santiago no me lo pidió. Así que me quedo aquí.

—Mira, Roz —dijo Santi—, te quiero, quiero estar contigo. Pero el Real Madrid... ¡es increíble!

—Pero, ¿qué pasa con nuestra casa? Y con mi trabajo aquí en el hospital... y... ¡y no hablo español! —dijo Roz.

—Puedes quedarte aquí. Puedes visitarme y yo puedo visitarte. ¡Y puedo enseñarte español! —dijo Santiago.

—Entonces, de acuerdo —sonrió Roz—, ¡pero no voy a comer paella!

CAPÍTULO 3
Madrid

Santi llegó al campo de entrenamiento del Real Madrid.
Gavin ya estaba allí. Y también Zidane, Raúl, Ronaldo y
David Beckham. ¡Los mejores futbolistas del mundo!

Algunos niños miraban y les decían cosas a los
jugadores. Los jugadores sonreían.

El primer partido de Santi en el Real Madrid era contra
los Olympiacos de Grecia, en la Liga de Campeones*. El
Bernabéu estaba lleno.

Santiago se sentó al lado de Ronaldo. Estaba muy
nervioso.

¿Quién estaba en el equipo? ¿Y quién estaba en el
banquillo?

Lejos de allí, en Los Ángeles, la abuela de Santi,
Mercedes, y su hermano Julio esperaban el comienzo del
partido. Ellos enviaron un mensaje de texto a Santi. Él lo
leyó y pensó en su padre, Herman.

A Herman no le gustaba nada el fútbol. Cuando Santi

---

* Los mejores equipos de los países europeos juegan en la Liga de
Campeones. Treinta y dos equipos compiten. Solo uno gana.

se fue a Newcastle, su padre se enfadó. Santi nunca más habló con su padre. Poco después, Herman murió. Antes de morir, él vio el primer partido de su hijo por televisión, en un bar de Los Ángeles. Y cuando Santi marcó un gol, Herman le dijo a todo el mundo: «¡Es mi hijo! ¡Mirad! ¡Es mi hijo!».

Pero ahora Roz estaba en el Bernabéu y con eso, Santi era feliz.

∗

Van der Merwe dijo los nombres en voz alta. Santi no estaba entre los once primeros.

—Santiago Múñez, estás en el banquillo —dijo Van der Merwe—. Pero prepárate para jugar.

El juego comenzó. Santi observaba con atención.

El Real jugaba bien. Zidane era muy bueno en el centro. Y Beckham pasaba la pelota muy bien. Pero pasaron cuarenta y cinco minutos sin un gol. Ochenta minutos sin un gol. De repente, Gavin se puso delante de la portería. Chutó la pelota... pero la pelota pasó por encima de la portería.

Entonces Santi escuchó su nombre. —¡Múñez! ¡Tu turno! —dijo el entrenador.

Santi corrió hacia el campo. Gavin salió.

«¡Esto va en serio!» —pensó—. «¡Estoy jugando en el Real Madrid!»

Los fans del Real Madrid gritaban el nombre de Santi. La pelota llegó a sus pies. Él estaba en el área de penalti. «No puedo pasar la pelota» —pensó—. «No tengo tiempo». Santi chutó la pelota y marcó un gol. Los fans gritaron.

Santi miró al cielo. —Para papá —dijo.

✶✶✶

Rosa María era una mujer que trabajaba en un bar de Madrid. Ella vio el gol de Santi por televisión. Su hijo Enrique jugaba al fútbol en la calle.

Enrique entró en el bar. —Mira, ¿ves a ese jugador, Múñez? —le dijo Rosa María a Enrique—. Él empezó sin nada... ¡y mira ahora dónde está!

—¿Empezó sin nada? ¿Cómo lo sabes?

—Lo sé porque... La mujer se acercó a su hijo y le dijo algo al oído. Él la miró.

—¿De verdad? —preguntó.

—Sí —dijo ella—, pero es un secreto. ¿De acuerdo?

CAPÍTULO 4
En el banquillo

A Santiago le encantaba marcar goles. Marcaba en los entrenamientos. Marcaba en los partidos.

Burruchaga siempre observaba a Santiago.

—Es muy bueno. ¿Por qué no puede empezar un partido? —le preguntó al entrenador.

—Sí, es muy bueno —dijo Van der Merwe. Pero no está listo. Santi no siempre pasa la pelota. Debe aprender.

El siguiente partido del Real fue fatal. Gavin Harris siempre marcaba goles. Esta vez no marcó ninguno.

✶✶✶

En el siguiente juego de La Liga*, Gavin, de nuevo, no marcó ningún gol.

—Bien, Santi, ¿estás listo? ¡Es tu turno! —dijo Van der Merwe.

—¡Puedo jugar noventa minutos! —dijo Santi mientras se alejaba del entrenador. Pero Van der Merwe no contestó.

Los fans gritaban. ¡Eran felices viendo a Santiago Múñez! Casi al final del partido ¡Santi marcó un gol! Los fans del Real gritaban su nombre.

Burruchaga tenía razón. Santi era un goleador muy bueno. Pero Van der Mewe conocía bien su trabajo. Santi era joven. Santi era nuevo y debía esperar.

✶✶✶

Los jugadores del Real Madrid ganaban mucho dinero. Tenían casas grandes y coches rápidos. Gavin tenía una

---

* Los equipos de fútbol de España juegan en La Liga. Los dos mejores equipos son el Real Madrid y el FC Barcelona.

casa preciosa con un jardín bonito. Y hacía muchas fiestas.

—Esta noche hago una fiesta —le dijo Gavin a Santi—. ¡Ven con Roz!

Santi y Roz fueron a la fiesta de Gavin. Había mujeres muy guapas hablando con los jugadores. Todo el mundo quería hablar con Santi. Santi era famoso en Madrid.

Gavin le dio una bebida a Santi. Gavin estaba con una mujer alta y guapa.

—Ella es Jordana —dijo Gavin—, trabaja en televisión.

—Bonita chaqueta —dijo Jordana en español—. ¿Es de Dolce*?

—Sí —dijo Santiago.

Roz volvió del baño.

—Debes venir a mi programa —le dijo Jordana a Santi.

—Gracias pero no —dijo Santiago.

—¿Me dices que no a mí? —se rió Jordana.

—Roz, esta es Jordana —dijo Santi en inglés.

* Dolce & Gabbana es una casa de ropa italiana muy famosa y muy cara.

«¿Qué le dijo Jordana a Santi?» —se preguntó Roz.

Más tarde, Roz le preguntó a Santi: —¿Te gusta esa chica de la televisión?

Santi miró a Roz. —¿Quién? ¿Jordana? ¡No! —dijo.

—Pero... ella es guapa y...

—Te quiero a ti, ¿recuerdas? —dijo Santi.

Pero Roz tenía miedo. Había mujeres guapas por todas partes. Santiago tenía un trabajo fantástico y ahora tenía mucho dinero. Y a muchas mujeres les gustan los futbolistas.

✶✶✶

En el siguiente viaje de Roz a Madrid, Santi tenía una sorpresa para ella. Santi llevó a Roz a una casa preciosa.

—¿Qué te parece? —le preguntó Santi a Roz.

—¿La... compraste?

Santi sonrió —Tiene siete dormitorios. Todos con baño —dijo.

Roz siguió a Santi por todas las habitaciones.

—¡Mira qué hora es! Debo irme —dijo—. Tengo entrenamiento. ¡Disfruta!

✶✶✶

Roz se sentó en un dormitorio y puso la televisión. Dos mujeres hablaban del partido del Real Madrid. Una de las mujeres era Jordana. Roz apagó la televisión.

Roz recorrió la casa. Era demasiado grande. Quería irse a casa, a Newcastle. A Santi todo le iba bien. Tenía el fútbol y a sus amigos. Y le encantaba el dinero. Roz no tenía nada allí. Solo a Santi. Y ahora Santi no estaba allí.

CAPÍTULO 5
¡Gol!

Era el siguiente partido de la Liga de Campeones. Era un partido importante contra el Rosenberg, un equipo de Noruega, en el Bernabéu. Había muchos fans. Pero el Real Madrid no jugó bien.

Beckham marcó un gol pero el Rosenberg también marcó un gol. Iban 1 a 1. Gavin consiguió la pelota. Estaba enfrente de la portería. Chutó la pelota pero no marcó un gol. Los fans gritaron enfadados. Van der Merwe llamó a Gavin. —¡Harris! ¡Fuera!

Malas noticias para Gavin. Buenas noticias para Santi.

Santi corrió hacia el campo. Consiguió la pelota. Santi corrió con ella.

«¡Vamos, Santi!» —pensó—. «Puedes conseguirlo. Te encanta marcar goles. Puedes ganar este partido».

Luego escuchó a Van der Merwe.

—¡Pasa la pelota, Múñez! —gritó—. Estaba enfadado.

Santi pasó la pelota. Pero la pelota volvió a él. El árbitro miró su reloj. Era casi el final del partido.

Santi imaginó el gol. Chutó la pelota.

—¡Goooooool! —gritaron los fans.

Tras el partido, Van der Merwe habló con el equipo. El entrenador no estaba contento con Gavin.

—¿Cuándo vas a marcar goles? —le preguntó.

—No lo sé, entrenador —dijo Gavin—. No estoy jugando bien.

Tras la charla, Santi habló con el entrenador.

—Mira, yo sí marco goles —dijo. Estoy listo para jugar noventa minutos. Van der Merwe miró a Santi. No sonrió.

—Yo elijo al equipo, Múñez.

***

Roz estaba en Newcastle. Santi la llamó.

—Compré algo. ¿Qué crees que es?

—No lo sé.

—Un Lamborghini*. ¡Es alucinante!

Roz no dijo nada.

—¿Roz? —dijo Santi—. ¿Estás ahí?

—El señor Ives murió —dijo ella.

—Lo siento, Roz.

—Yo también —dijo Roz.

***

Más tarde, Roz habló con su madre. —¿Qué pasa? —preguntó su madre—. Santi está en España. Tú estás aquí. Eso no es bueno para ti.

—Lo sé —dijo Roz. Ahora todo es diferente.

—Roz —dijo su madre—, debéis estar juntos. Ve a Madrid. Habla con él.

* Un Lamborghini es un coche deportivo muy caro.

CAPÍTULO 6
La foto

Santiago condujo el Lamborghini por todo Madrid.

¡Pum! Algo chocó contra el coche. Santi paró.

Un niño se acercó a la ventanilla.

—Soy Enrique —dijo el niño—. Soy tu hermano.

—¿Qué? —Santi no conocía a este niño—. ¿Qué dices?

—Tenemos la misma madre. Tu padre era Herman Múñez, de Ciudad de México, ¿no? —dijo Enrique—. ¿No me crees? ¡Mira esto! El niño le mostró una foto a Santi. Era de una mujer de unos cuarenta años, morena, de ojos oscuros...

Santiago se fue de allí rápidamente. Tenía miedo.

«Debo hablar con Roz» —pensó. Santi llamó a Roz por teléfono pero Roz no contestó.

Miró la foto de nuevo. Morena, de ojos oscuros. «¿Es mi madre?» —se preguntó.

***

Santi llegó por fin a casa. «¿Por qué hay luces encendidas?» —pensó. Abrió la puerta.

—¿Tienes hambre?

—¡Roz! Santi mostró la primera sonrisa del día. Luego abrazó a Roz.

—Estoy muy feliz de verte —le dijo.

Los dos se sentaron. Roz le dio una bebida a Santi.

—¿Qué pasa? —preguntó Roz—. Algo pasa.

—Bueno —dijo Santi—. Un niño me dio esto... Santi le contó la historia a Roz.

—¡Increíble! —dijo Roz—. ¿Crees que es verdad?

—No lo sé. Tal vez mi madre está en Madrid. Tal vez sí es verdad.

—O tal vez el niño solo quiere dinero.

—Puedo enviarle la foto a mi abuela Mercedes —dijo Santi de repente—. Ella conoció a mi madre. Ella me puede decir la verdad.

* * *

Más tarde sonó el teléfono. Era Mercedes.

—Tengo la foto —dijo—. Sí, es ella. Es tu madre.

—¿Mi madre está en Madrid? —dijo Santiago—. ¿Lo sabías? ¿Por qué no me dijiste nada?

—¿No te acuerdas? —Mercedes estaba enfadada—. Ella nos abandonó, Santi. Te abandonó. Abandonó a tu padre. ¡Mi pobre hijo! ¡Nunca volvió a sonreír!

—Pero abuela...

—Santi, no. No debes ver a tu madre.

Santi colgó el teléfono.

«Debo ver a mi madre» —pensó—. «Tengo preguntas. ¿Por qué nos abandonó? ¡Quiero saberlo!».

CAPÍTULO 7
Todo sale mal

El Real Madrid tenía un partido importante contra el Valencia.

—Santiago —dijo Van der Merwe—, ¡hoy vas a jugar los noventa minutos!

Santiago no sonrió y todo el mundo se sorprendió.

—¿Por qué no sonríe? —preguntó Beckham.

—A lo mejor está pensando en Gavin. Ahora juega en lugar de Gavin —dijo Zidane.

Pero Zidane estaba equivocado.

∗∗∗

Santiago corrió al campo. Intentó pensar en el juego. Pero cuando consiguió la pelota, un jugador del Valencia se la robó. Santi se enfadó y corrió tras el jugador del Valencia.

«¡Es mi pelota!» —pensó. Santi no miró al resto de los jugadores. No pensó en el equipo.

Alcanzó al jugador del Valencia. Intentó chutar la pelota pero le dio un puntapié al jugador. El jugador se cayó. Santi oyó el silbato del árbitro. Miró a su alrededor. El árbitro mostró una tarjeta... ¡Una tarjeta roja!

∗∗∗

Los jugadores del Real iban al Buddha Bar a menudo. La música allí siempre era estupenda.

Santi se sentó en la barra. Estaba solo. Vio la segunda parte del partido contra el Valencia en una de las grandes teles. Gavin marcó un gol. Santi sonrió. Era la primera sonrisa del día. Pero no se sintió mejor.

—¡Hola, Santi! —dijo Jordana—. ¿Cuándo vienes a mi

programa? Jordana sonrió y se sentó a su lado. Hablaron durante un rato. A Santi le gustó estar con ella. No pensó en la tarjeta roja, el niño, ni la foto. Se sintió mejor.

—Debo irme —dijo Santi. Ya era tarde.

—Sí, yo también —dijo Jordana. Santi y Jordana salieron del bar juntos.

—Adiós —dijo Santi. La besó rápidamente.

De repente, había luces por todas partes. ¡Los fotógrafos!

—Vaya —dijo Santi. Pensó en las noticias. «Santi y Jordana, por la noche, en el Buddha Bar».

∗ ∗ ∗

Dos días más tarde, Roz llegó a Madrid. Tenía unos días de vacaciones y quería estar con Santi. Cuando Roz llegó, Santi estaba en la cama.

—Santi —dijo Roz. Pero Santi no se despertó.

«Está muy cansado» —pensó—. «Debe descansar».

Más tarde Roz hizo el desayuno.

—¡Santi, Santi! —dijo Roz—. ¡Levántate! Es tarde.

De repente Santi se levantó y miró el reloj.

—¡Roz! —gritó enfadado—. ¡Mira la hora! ¿Por qué no me despertaste?

—Lo intenté —dijo Roz—, pero estabas muy cansado.

—¡Llego tarde! —gritó Santi—. Hoy volamos a Noruega. Jugamos contra el Rosenberg. ¡Es la Liga de Campeones!

Santi se vistió rápidamente y salió de casa. No habló con Roz. No le dijo adiós.

Roz oyó el Lamborghini. Estaba enfadada.

«¡Vuelvo a casa!» —pensó.

★★★

En Noruega hacía mucho frío.

Van der Merwe estaba enfadado con Santiago. Primero por la tarjeta roja contra el Valencia. Luego por no escuchar en el entrenamiento. Y ahora por llegar tarde.

El partido contra el Rosenberg fue fatal. Los jugadores del Real no jugaban bien cuando hacía frío. Gavin no jugó bien y pronto salió del juego. Santi se levantó. Estaba listo para jugar. Pero Van der Merwe no miró a Santi. ¡El entrenador no eligió a Santiago!

Santi estaba triste. Tenía frío. Roz estaba enfadada con él. Van der Merwe estaba enfadado con él.

«¡Y estoy en el banquillo!» —pensó—. «Todo sale mal».

★★★

Cuando Santi llegó a casa, la casa estaba vacía. Roz no estaba allí. Santi estaba solo.

CAPÍTULO 8
El problema de Enrique

Santiago le contó a Gavin la historia de su madre.

—¿Qué puedo hacer? —preguntó Santi—. ¿Por qué nos abandonó? Debo saberlo.

—Debes ir —dijo Gavin—. Debes encontrar a tu madre. No estás jugando bien. Estás pensando mucho en ella.

Gavin tenía razón. Pero Santi debía encontrar al niño.

★★★

Santiago entrenaba cada día. Y cada día buscaba al niño. ¡Y un día lo vio! Santi estaba en su Lamborghini. Paró el coche junto al niño.

—Entra. Te llevo a casa —dijo Santi. El niño entró.

«Ahora puedo encontrar a mi madre» —pensó Santi.

Enrique observó el interior del coche caro. Observó el teléfono de Santi, su reloj, su bolsa de deporte.

—¡Este teléfono es genial! —dijo Enrique.

Enrique marcó un número. —Voy a llamar a tu entrenador —dijo—. Hola, ¿Van der Merwe? ¿Puedo jugar en el Real? ¡Mi hermano juega en el Real!

—¡Eh, tú, para! —dijo Santi—. ¿Qué te pasa?

—¿Qué me pasa? —dijo el niño enfadado—. Mira, mi familia es pobre. Mi madre trabaja día y noche. Y tú, mi hermano, conduces un Lamborghini. No piensas en tu familia. Eso me pasa.

Santi se detuvo en el semáforo. Enrique salió del coche.

—¡Me voy! —gritó Enrique—. ¡Muchas gracias por esto! Enrique mostró la bolsa de deporte de Santi.

—¡Eh, espera! —gritó Santi—. ¿Dónde vives?

Demasiado tarde. Santi cerró la puerta del coche y se fue.

Santi fue al Buddha Bar. Gavin y otros jugadores del equipo estaban allí. Santi se sentó con ellos.

—¿Qué pasa, Santi? —dijo Salgado—. Me llamaste tres veces...

—¿Qué? —dijo Santi—. ¡Pero si mi teléfono está en mi coche! ¿Hay alguien en mi coche, con mi teléfono?

Santi corrió hacia el garaje. Enrique estaba en el coche. ¡Demasiado tarde otra vez! Enrique se fue con el coche. Santiago paró un taxi.

—¡Ese coche! —le dijo Santi al taxista—. ¡Es mi coche! Los dos coches fueron rápidamente por las calles de Madrid.

—Este chico, ¿sabe conducir? —le preguntó el taxista a Santiago.

—Creo que no —dijo Santi.

Santi tenía razón. El Lamborghini chocó contra una pared. El taxi paró y Santi corrió hacia Enrique. Enrique estaba muy mal. Santi lo puso en el taxi. —¡Al hospital! ¡Rápido! —le dijo Santi al taxista.

***

Los fotógrafos ya estaban en el hospital. Vieron a Santi y tomaron muchas fotos.

—¡Paren! ¡Fuera de aquí! —gritó Santi. Un fotógrafo puso su cámara delante de la cara de Santi. Santi golpeó al fotógrafo. Los fotógrafos tomaron muchas fotos. Y cinco minutos más tarde, Santi estaba en un coche de la policía.

Justo entonces, Rosa María llegó al hospital. Vio a Santiago. Santiago la vio a ella. El coche de la policía se fue.

***

Santi pasó la noche en la comisaría.

El Bernabéu hizo un par de llamadas y Santi pudo irse a casa. Roz lo llamó por teléfono.

—Hay una foto en el periódico —dijo ella—. Una foto tuya y de Jordana. ¡La estás besando!

«¡La foto del Buddha Bar!» —pensó Santi.

—No pasó nada, Roz. Hablamos. Le dije buenas noches. Eso es todo —dijo—. Los periodistas quieren vender periódicos. Esa noticia no es verdad...

Roz colgó el teléfono.

CAPÍTULO 9
La semifinal

La semifinal de la Liga de Campeones. El Real fue a Lyon para jugar el primer partido. Nadie marcó y el partido terminó 0 a 0. Luego el Lyon fue a jugar a Madrid.

—Creo que estás listo para jugar de nuevo, Santiago —dijo Van der Merwe—. Pero te pongo en el banquillo.

—Debemos ganar este partido —le dijo Van der Merwe al equipo—. El Real Madrid es un equipo excelente.

Gavin estaba en el equipo porque entrenó mucho y no salió de fiesta todas las noches.

—Otra vez estás jugando bien, Harris —dijo Van der Merwe—. ¡Vamos a marcar buenos goles!

El partido comenzó. Santiago observaba el juego. Gavin chutó la pelota hacia la portería, sin suerte. Luego, el Real ganó un tiro libre. Beckham chutó la pelota. La pelota pasó por delante de la portería. Gavin estaba en el lugar perfecto. La pelota fue a su pie izquierdo y luego a la portería. ¡Un gol fantástico!

—¡Muy bien! —dijo Van der Merwe—. ¡Ahora tú, Santi!

Gavin se fue del campo, feliz con su gol. Santi corrió hacia el campo. Después de todos los errores, Santi quería jugar bien. Roberto Carlos le pasó la pelota a Santi.

Santi se giró rápidamente. Dos jugadores del Lyon se quedaron atrás. Santi chutó la pelota y casi entró. Ronaldo le pasó la pelota. Miró hacia arriba, vio el gol y... ¡2 a 0!

Los fans gritaban y bailaban. ¡Estaban contentos! El silbato del árbitro indicó el final del partido. ¡Sí! ¡Estaban en la final de la Liga de Campeones!

✳ ✳ ✳

Era el sueño de Santi. ¡La mejor final del mundo! Santi lo tenía todo. Jugaba en el Real Madrid. Los fans le querían. Tenía casas en Madrid y en Newcastle. Un Lamborghini. Ropa fantástica.

«¿Por qué me siento vacío?» —se preguntó Santi.

✳ ✳ ✳

Santi se paseó con el coche por las zonas pobres de Madrid. Le mostró la foto de su madre a todo el mundo.

Un hombre observó la foto.

—¿Eres de la policía? —le preguntó a Santi.

—No. Solo quiero encontrarla —dijo Santi.

El hombre observó el reloj de Santi. —Bonito reloj —dijo—. Creo que la conozco.

Santi le dio su reloj. A cambio, el hombre le dijo dónde vivía Rosa María.

✳ ✳ ✳

Era de noche. Santi salió del taxi y observó el bar. Estaba nervioso. Abrió la puerta y entró. Todo el mundo dejó de beber. En la puerta estaba el famoso jugador del Real Madrid.

Rosa María se giró y miró hacia la puerta.

—¡Santiago! —dijo en voz baja.

Por un momento, nadie se movió. Luego el futbolista abrazó a su madre. Ella comenzó a llorar.

—Venga, vamos a cerrar el bar —dijo Miguel, su marido. Santiago y su madre se sentaron.

—¿Por qué nos abandonaste? —le preguntó Santi.

—Una noche llegué a casa después de trabajar hasta tarde. Había dos hombres. Me llevaron hacia una pequeña calle. Uno de los hombres era tu tío. Intentó besarme. Corrí hacia la casa. Tu padre estaba allí. Pero no le dije nada. A la noche siguiente, tu tío estaba allí de nuevo. No sabía que hacer. Me fui de casa.

—¿Por qué no volviste a por nosotros?

Santiago —dijo Rosa María—, volví tres semanas más tarde. Ya no estabas allí. Tu padre os llevó a Estados Unidos. Años más tarde, te vi por televisión, aquí, en Madrid. Quise llamarte por teléfono. Pero tuve miedo. Lo siento.

—Todo va a ir bien —dijo él—. ¿Dónde está Enrique? ¡Mi nuevo hermano!

∗∗∗

Roz miró el teléfono. Había un mensaje de Santi.

—¡Roz! Conocí a mi madre. Sé que los coches y el dinero no son importantes. Tú y mi familia sí. Lo siento, Roz. Por favor, llámame. Te quiero.

Roz también quería hablar con Santi. «Vamos a tener un bebé» —pensó Roz—. ¡Y Santi no lo sabe!

CAPÍTULO 10
La final

Todo el mundo hablaba de la final de la Liga de Campeones.

—¿Quién va a jugar? —se preguntaba la gente—. ¿Harris o Múñez?

Santiago entró en la oficina de Van der Merwe. El entrenador lo miró.

—Pon a Gavin en la final —dijo Santi.

—¿Qué estás diciendo, Múñez?

—Quiero sentarme en el banquillo. Gavin es un jugador muy bueno. Quiere estar en el equipo inglés de la Copa Mundial. Tal vez si marca un gol en esta final...

El entrenador no entendió nada.

—Me encanta el fútbol —dijo Santi—. Pero sin mis amigos y mi familia el fútbol no es nada. Cuando vine aquí estaba muy contento. Quería el dinero. Quería la fama. Pero esas cosas no importan. Gavin es mi amigo. Él no puede estar en el banquillo.

∗∗∗

Rosa María, Miguel y Enrique subieron a un taxi. Enrique tenía las camisetas del Real. En las camisetas ponía «Múñez». Esta era la nueva familia de Santiago. ¡El taxi los llevó al Bernabéu para ver la final!

En Los Ángeles, Mercedes y Julio veían la televisión.

En Newcastle, Roz y su madre también veían la televisión. Roz no podía volar. Su barriga era ya demasiado grande.

Van der Merwe habló con los jugadores. Leyó la lista en voz alta.

—Zidane, Beckham, Guti, Robinho, Ronaldo —dijo. Leyó diez nombres y miró a Santi.

—Gavin Harris —dijo.

Gavin se sorprendió y sonrió. Santi también sonrió.

***

Los jugadores corrieron hacia el campo. Tomaron sus posiciones y miraron al equipo rival, uno de los mejores equipos del Reino Unido, el Arsenal.

El árbitro indicó el comienzo del juego.

Fue el peor comienzo para el Real. ¡El Arsenal marcó en el primer minuto! El juego era difícil. El Arsenal jugaba bien. Cuando el silbato sonó, tras cuarenta y cinco minutos, el resultado era Real 0, Arsenal 1.

Van der Merwe habló con los jugadores. Miró a Gavin.

«Voy a salir» —pensó Gavin.

—Bien. Gavin, delante —dijo Van der Merwe —. Y Santi va a jugar detrás.

«Voy a jugar por mi familia» —pensó Santi mientras corría —. «Por toda mi familia».

✳ ✳ ✳

Pero Thierry Henry, del Arsenal, consiguió la pelota. Corrió rápidamente con ella. Pasó delante de cuatro jugadores del Real y marcó un gol. La gente cantaba las canciones del Arsenal en el Bernabéu.

Solo siete minutos para el final del partido. El Arsenal ganó un penalti.

En el Bernabéu, Rosa María agarró la mano de Enrique. En Los Ángeles, Mercedes agarró la mano de Julio. En Newcastle, Roz agarró la mano de Carol.

Casillas defendía la portería del Real. El jugador del Arsenal corrió hacia la pelota. Todo el mundo cerró los ojos. Chutó la pelota y ¡Casillas la paró! Pero no había tiempo... Casillas le pasó la pelota a Santiago. Santiago chutó la pelota hacia el campo. Gavin corrió tras él. Ahora estaba justo enfrente de la portería del Arsenal. La mayoría de los jugadores del Arsenal estaba en la zona del

Real. Gavin chutó la pelota y todo el mundo miró. La pelota voló por los aires y entró en la portería. Gavin no corrió hacia los fans. Llevó la pelota al centro del campo. ¿Había tiempo?

La pelota fue de Zidane a Ronaldo y de Ronaldo a Beckham y de Beckham a Gavin. El Real debía marcar. La pelota llegó a Santiago y él la chutó. ¡Gol! Los jugadores del Arsenal no se lo creían.

El Real consiguió un tiro libre. David Beckham puso la pelota en el suelo. El Bernabéu estaba en silencio. Beckham corrió... chutó la pelota... todo el mundo observaba con la boca abierta... comenzaron los gritos. —¡Gooooool!

El árbitro miró su reloj. El silbato sonó. El partido terminó. Real 3, Arsenal 2. El ruido del Bernabéu era increíble.

Gavin, Santiago y Beckham gritaron y saltaron juntos. Tres jugadores, tres goles. Los Campeones de Europa.

GOL II: LA PELÍCULA

P Las películas, ¿hablan solo sobre fútbol?

R «No», dice Kuno Becker. «Las películas hablan del amor y de los sueños». Kuno es Santiago Múñez en las películas de *Gol*.

P ¿Hay muchas películas sobre fútbol?

R Mike Jeffries y Jaume Collet-Serra hicieron las películas de *Gol*. «Hay muchas películas sobre deportes. Pero no de fútbol», dice Mike, «¡el deporte más famoso del mundo!».

Una zona pobre de México

Mike Jeffries escribió *Gol II*.

Jaume Collet-Serra filma *Gol II*.

P ¿Por qué no eligieron a un actor famoso para interpretar a Múñez?

R *Gol* es una historia sobre un chico pobre. Viene de una familia pobre de México. Mike y Jaime no querían una cara famosa. Además, a ellos les gustó Kuno.

P ¿Cómo filmaron las escenas de fútbol?

R Usaron partidos auténticos. Vieron jugar al Newcastle y al Real Madrid. Vieron buenos goles. Patrick Kluivert marcó un buen gol contra el Chelsea. Querían mostrar este gol. Filmaron a Kuno en lugar de Kluivert. Cuando Santiago marca, el gol parece real. Eso es porque el gol es real.

KUNO BECKER

Kuno es de Ciudad de México. Antes de ser actor era cantante. En el colegio jugaba al fútbol, pero no jugaba muy bien. Para la película, entrenó cuatro o cinco horas al día con un entrenador particular.

> **Trabaja en parejas. ¿Te gustan las películas sobre deportes? ¿Por qué? ¿Por qué no?**

ANNA FRIEL

Anna es del norte de Inglaterra. Antes no le gustaba el fútbol. El primer partido de fútbol que vio fue en el Bernabéu. Ahora le encanta el fútbol.

A Anna le gusta Roz. Roz no quiere salir en las portadas de las revistas. No quiere ir de compras todo el día. Es una persona normal con un trabajo normal y una vida normal.

LOS JUGADORES REALES

En *Gol II* salen algunos jugadores reales. Por ejemplo, David Beckham y Zinedine Zidane hablan con Santi en la película. También salen en el vestuario y jugando al fútbol. «Son fantásticos», dice Kuno. En *Gol III*, David Beckham tiene un papel más importante.

> **¿Sabías que...?**
> El director de la película quería usar al Liverpool FC para las películas de *Gol*. ¡Y el Liverpool FC dijo que no!

David Beckham

Zinedine Zidane

¿Qué significan estas palabras? Puedes usar el diccionario.

el actor   el vestuario   el director   la revista   el músico   reales

EQUIPOS DE PRIMERA: EL NEWCASTLE

NEWCASTLE UNITED

Comenzó: en 1892.

La liga: el Newcastle juega en la *English Premiership*, en el Reino Unido.

El apodo: los jugadores se llaman «las urracas» porque llevan camisetas blancas y negras. Una urraca es un pájaro blanco y negro.

El estadio: el St James' Park. Está en el centro de la ciudad. A este estadio a menudo van 50 000 fans.

Los fans: se llaman «el ejército de la ciudad». En el mundo hay muchos fans del Newcastle debido a las películas de *Gol*.

❮❮ Los fans del Newcastle amaban a Santiago. Él siempre marcaba goles. ❯❯

Jugadores famosos: Jackie Milburn, Alan Shearer y Michael Owen.

La ciudad: Newcastle está en el norte de Inglaterra. En Newcastle hay edificios viejos muy famosos y edificios muy nuevos. El río Tyne atraviesa la ciudad.

Michael Owen juega para «las urracas».

....
¿Qué famoso futbolista jugó en los dos equipos?
....

Y EL REAL MADRID

EL REAL MADRID

Comenzó: en 1902.

La liga: el Real juega en La Liga, en España.

El apodo: los jugadores se llaman «los merengues» porque llevan camisetas blancas. También se llaman «los galácticos» porque el club compra los jugadores más caros del mundo.

El estadio: el Bernabéu. Está en el centro financiero de Madrid. En este estadio entran más de 80 000 personas.

Jugadores famosos: ¡Muchísimos! Raúl, Ronaldo, Zinedine Zidane, David Beckham, Michael Owen, Fabio Cannavaro y Roberto Carlos son algunos de sus jugadores famosos.

Ronaldo juega para «los merengues».

La ciudad: Madrid es la ciudad más grande de España. Los deportes favoritos de los madrileños son el fútbol, el baloncesto y el toreo.

Los fans: se llaman «madridistas». El Real Madrid tiene fans por todo el mundo.

> **Debate.** ¿Cuál es el equipo más famoso de tu país? ¿Cuál es tu equipo favorito?

«¡Nadie dice que no al Real Madrid!»

> **¿Qué significan estas palabras?**
> **Puedes usar el diccionario.**
> la urraca   el toreo   la liga
> el merengue   el estadio

CAPÍTULOS 1 a 3

Antes de leer

Usa el diccionario para esta sección.

1 ¿Cuánto sabes sobre fútbol? Completa las frases con la palabra adecuada.

entrenador   finales   tiro libre
portería   campo   Liga de Campeones

a) En la ..... participan treinta y dos equipos.
b) Durante un partido de fútbol en el ..... hay veintidós jugadores.
c) José Mourinho es un ...... de primera.
d) Las ..... de la Copa Mundial son cada cuatro años.
e) Para marcar un gol, la pelota debe entrar en la .....

2 Relaciona las siguientes palabras con sus significados.

a) Antes de hacer algo importante   **i)** fans
o difícil te sientes ...

b) Mientras esperas a jugar,   **ii)** banquillo
te sientas en el ...

c) La persona que usa el   **iii)** nervioso
silbato es el ...

d) Las personas que viajan por todo   **iv)** árbitro
el mundo con su equipo se llaman ...

3 Lee el apartado «Gente y lugares» de las páginas 4 y 5. Responde estas preguntas.

a) Santiago juega en el Newcastle United. ¿Crees que en *Gol III* va a jugar en otro equipo?
b) ¿Dónde vive la familia de Santi?
c) ¿De qué ciudad vienen los *Geordies*?

Después de leer

4 Decide si estas frases son verdaderas o falsas.

a) Glen Foy conoció a Santiago en Newcastle y se lo llevó a Los Ángeles.
b) El Real Madrid quiere hablar con el Newcastle para comprar a Santi.

c) Gavin cree que Santi va a odiar Madrid.
   d) Roz es muy feliz con el trabajo de Santi en Madrid.
   e) Santi se fue de Los Ángeles y nunca más habló con su padre.
   f) Santi jugó durante los últimos diez minutos en el partido contra el Olympiacos.

5 ¿Qué piensas?
   a) ¿Qué le dice Rosa María a su hijo en el bar?
   b) ¿Qué diferencias hay entre la vida en Newcastle y la vida en Madrid?

CAPÍTULOS 4 a 7

Antes de leer

6 Contesta a estas preguntas.
   a) El capítulo 4 se titula «En el banquillo». ¿Quién crees que va a estar en el banquillo?
   b) El capítulo 5 se titula «¡Gol!». ¿Quién va a marcar el gol?
   c) El capítulo 6 se titula «La foto». ¿Quién va a salir en la foto?
   d) El capítulo 7 se titula «Todo sale mal». ¿Qué va a salir mal?

Después de leer

7 ¿Quién es?
   a) Marca muchos goles. Le gustan mucho las fiestas.
   b) Es muy guapa. Tiene un programa de televisión.
   c) Compra una casa bonita con siete habitaciones.
   d) Piensa que Roz debe vivir en Madrid.
   e) Tiene la misma madre que Santi. Vive en una zona pobre de Madrid.
   f) Dice «No debes ver a tu madre».
   g) Recibe una tarjeta roja contra el Valencia.
   h) Besa a Santi en el Buddha Bar.
   i) No juega en el partido contra el Rosenberg.

8 ¿Qué piensas? ¿Piensas que la vida de la gente rica puede ser difícil?

CAPÍTULOS 8 a 10

Antes de leer

9 ¿Qué crees que va a pasar en los siguientes capítulos?

    a) Rosa María no quiere conocer a Santi.

    b) Roz encuentra a Rosa María y a Enrique.

    c) Mercedes vuela a Madrid y detiene a Santi.

    d) Roz ve la foto de Santi y Jordana en el Buddha Bar.

    e) Santi encuentra a su madre.

10 La madre de Santi se fue de casa cuando Santi era un niño. ¿Por qué crees que se fue? Habla con tus compañeros.

Después de leer

11 Ordena estas frases.

    a) Enrique agarra la bolsa de deporte de Santi.

    b) Gavin y Santi marcan goles en la semifinal contra Lyon.

    c) Enrique choca contra una pared en el Lamborghini.

    d) El Real Madrid gana la Liga de Campeones.

    e) El Real marca tres goles en los últimos minutos.

    f) Santi y Gavin juegan en la final.

    g) Un hombre le dice a Santi que su reloj es bonito.

    h) Santi golpea a un fotógrafo.

    i) Santi lleva a Enrique a un hospital.

    j) La policía arresta a Santi.

12 ¿Qué piensas?

    a) ¿Cómo se va a sentir Santi al saber que va a tener un bebé?

    b) ¿Va a pasar algo entre Santi y Jordana?

    c) ¿Van a ser amigas Mercedes y Rosa María?

    d) ¿Vas a ver *Gol III* para conocer las respuestas?